Rudolf Genée

Mitteilungen für die Mozart-Gemeinde in Berlin

Rudolf Genée

Mitteilungen für die Mozart-Gemeinde in Berlin

ISBN/EAN: 9783743431195

Hergestellt in Europa, USA, Kanada, Australien, Japan

Cover: Foto ©ninafisch / pixelio.de

Weitere Bücher finden Sie auf **www.hansebooks.com**

Mittheilungen
für die
Mozart-Gemeinde in Berlin.

Herausgegeben von **Rudolph Genée**.

Zehntes Heft.
Oktober 1900.

Berlin 1900.
Eigenthum der Mozart-Gemeinde.
Im Vertrieb der Königlichen Hofbuchhandlung von E. S. Mittler & Sohn,
Kochstr. 68—71.

Anmeldungen

für den Beitritt zur Mozart-Gemeinde, gegen Verabfolgung d.
zugleich als Quittung dienenden Mitgliedskarte, nehmen entgegen

Die Kgl. Hofbuchhandlung von E. S. Mittler & Sohn

Berlin SW., Kochstraße 68—71.

Die Musikalienhandlung von Raabe & Plothow,

Berlin W., Potsdamerstr. 21.

Die geehrten Mitglieder werden ersucht, erfolgte Wohnungs-
Veränderungen ebendort gefälligst anzuzeigen.

Mitteilungen der Mozart-Gemeinde in Berlin

Herausgegeben von Rudolph Genée

Erster Band
1. bis 10. Heft

Berlin 1900
Expedition der Mozart-Gemeinde
Im Vertrieb der Königl. Hof-Musikhandlung von E. S. Mittler & Sohn

Mittheilungen
für die
Mozart-Gemeinde in Berlin.

Herausgegeben von Rudolph Genée.

Zehntes Heft.   Oktober 1900.

Inhalt:

Mozarts Einlagen für die Oper „La villanella rapita". Emanuel Schikaneder mit zwei Illustrationen). Zur Geschichte der Frau Magdalena Hofdemel. Von J. Bischoff. Kleine Mittheilungen.

Notenbeilage: Psalm von Stadler.

Berlin 1900.
Eigenthum der Mozart-Gemeinde.
Im Vertrieb der Königlichen Hofbuchhandlung von E. S. Mittler & Sohn
Kochstraße 68—71.

Mozarts Einlagen
für die Oper „La villanella rapita".

Bekanntlich hat Mozart außer seinen eigenen Opern sehr viele Einlagen für die Opern anderer Komponisten geschrieben, was entweder auf Wunsch der Operndirektion geschah, oder auch — wie in den meisten Fällen — verschiedenen Sängern und Sängerinnen zu Liebe, die ihn darum ersuchten. Denn bei seiner so wunderbar schnellen Ausführung aller seiner musikalischen Schöpfungen war er in seiner Gutmüthigkeit auch leicht zu solchen Gefälligkeiten zu bestimmen. Die Zahl solcher gelegentlicher Kompositionen ist sehr groß. Außer den für sich allein stehenden Konzertarien, die er aus solchem Anlaß schrieb, und außer den für seine eigenen Opern nachkomponirten Arien (für „Figaro", „Don Juan" ꝛc.) kennen wir von seinen Kompositionen für die Opern Anderer: Eine für seine Schwägerin Hofer (geb. Weber) komponirte Arie für Paesiellos „Barbier von Sevilla", eine Arie für Anfossis Oper „Il curioso indiscreto", eine Arie für Cimarosas „I due baroni", eine Arietta für die Oper „Le gelosie fortunate" und einen Schlußchor für dieselbe Oper; eine Arie für die Oper „Il Burbero" und noch vieles Andere.

Aber die bedeutendste aller solcher Einlagen sind zwei Musikstücke — Terzett und Quartett — für die Oper von Bianchi „La villanella rapita". Beide Nummern sind im November 1785 geschrieben, in welchem Monat auch die Oper selbst in Wien auf die Bühne kam. Der Komponist Francesco Bianchi war in Venedig geboren, begann aber seine Laufbahn als Opernkomponist in Paris, zog später nach Mailand, dann nach Venedig, wo er 1811 starb. Die komische Oper „La villanella rapita" (Das geraubte Landmädchen) hat ein Süjet, das damals mehrere Komponisten gefunden hatte, unter ihnen auch Cimarosa und Paesiello. Die Handlung der Oper ist ziemlich lüstern und erinnert in den Situationen sowohl an „Don Giovanni" wie an „Figaros Hochzeit". Der gewissenlose Verführer ist ein Conte, der — wie im „Don Juan" — zu einer Bauernhochzeit eintrifft und zugleich eine heftige Leidenschaft zu der Braut, dem Landmädchen Mandina, faßt. Er gesteht seinem Vertrauten, daß er alle Mittel anwenden werde, um das Mädchen in seine Gewalt zu bringen. Gerade wie im „Don Juan" schickt der Graf den bäuerischen Bräutigam, Namens Pippo, fort, weil er mit Mandina Einiges zu sprechen habe. Als Pippo widerwillig und nur auf Zureden seines zukünftigen und einfältigen Schwiegervaters sich entfernt hat, geht der Graf gleich sehr unverschämt vor, indem er Mandina eine mit Gold gefüllte Börse schenkt. Dies ist die Situation, in der Mozarts Terzett mit den Worten „Mandina amabile" einsetzt. Mandina ist eine ländliche Unschuld von solcher Einfalt, daß sie von den Absichten des Grafen gar nichts ahnt, sondern überglücklich über das Geschenk des Grafen sich freut und dessen Güte und Großmuth preist. — bis der Bräutigam Pippo dazu kommt und die Sache keineswegs so harmlos auffaßt, sondern in ironischen Worten den Grafen seinen Argwohn erkennen läßt. Mit diesem Terzett schließt der erste Akt der Oper.

Im zweiten Akte soll Mandinas Hochzeit stattfinden. Des Grafen Helfershelfer berichtet demselben, daß der Bräutigam Pippo eifersüchtig wie ein Tiger sei, und warnt den Grafen, weiter zu gehen. Dieser aber läßt nicht ab und verspricht seinem Vertrauten reichen Lohn, wenn er ihm beistehe. Hiernach wird die ganze Hochzeitsgesellschaft durch den vom Grafen gespendeten Wein und ein darin gemischtes Pulver betrunken gemacht und — einschließlich der Braut — in Schlaf versenkt, wonach dann Mandina willenlos durch den Grafen entführt wird. — Der dritte Akt spielt im Hotel des Grafen, wo Mandina noch schlummernd auf dem Sopha liegt. Als sie erwacht, weiß sie nicht, was mit ihr geschehen sei, da sie sich an einem fremden Orte und zugleich in anderen Kleidern sieht. Als der

Graf zu ihr kommt, beginnt sie die Situation zu verstehen. Der Graf wird noch deutlicher, aber Mandina sagt ihm: sie liebe ihn als ihren Wohlthäter, den Pippo aber liebe sie als ihren Gemahl. Da nun dem Grafen ein Baron angemeldet wird, der ihn dringend zu sprechen wünscht, wird Mandina in ein Nebenzimmer geführt. Der Angemeldete ist aber kein Anderer, als der Bräutigam Pippo in lächerlicher Verkleidung eines Barons Cardomono. Nach einer ziemlich albernen Scene wird der Graf wieder benachrichtigt, daß sein Oheim mit dem Vater Mandinas draußen sei, um ihn wegen des Geschehenen zur Rechenschaft zu ziehen. Der Graf geht hinaus, und da Pippo allein gelassen ist, klopft er an die Nebenthür, aus der ihm Mandina entgegentritt. Er wirft nun seine Perrücke ab und giebt sich zu erkennen, indem er ihr heftige Vorwürfe macht, daß sie sich habe entführen und in andere Kleider bringen lassen. Sie versichert ihre Unschuld, da Alles ohne ihren Willen geschehen sei. — Wahrscheinlich ist dies die Situation, in der das von Mozart geschriebene Quartett eintritt, in welchem zunächst der Vater Mandinas und später der Graf mitwirken.

Beide Einlagen zu dieser Bianchischen Oper scheint Mozart für die Sängerin der Mandina geschrieben zu haben. Es war dies Signora Coltellini, die vom Kaiser Joseph selbst aus Neapel nach Wien berufen und hier zuerst im April 1785 in Cimarosas „Contadina di spirito" aufgetreten war. Es heißt von ihr, daß ihre Stimme nicht bedeutend gewesen sei, aber vorzüglich geschult, und daß sie ganz besonders durch ihr feines und graziöses Spiel das Publikum entzückt habe. Für sie hatte denn auch Mozart in den beiden Musikstücken der Partie der Mandina den süßesten melodischen Reiz verliehen, namentlich in dem Quartett, das von Mozart zuerst geschrieben war, obwohl es der Handlung nach erst später folgen muß. Daß Mozart diese beiden Musikstücke schrieb, während er schon seine nächste Oper — „Figaros Hochzeit" — im Kopfe hatte, gereichte den Musikstücken offenbar zum Vortheil. Denn wenn auch in einzelnen Zügen eine gewisse Flüchtigkeit zu erkennen ist, so stehen sie doch in der Melodik und in der vollen Beherrschung der dramatischen Situationen schon auf der Höhe seiner Meisterschaft, wie er sie sodann im „Figaro" so verschwenderisch bekundete. Gleich im Anfang des Terzetts zeigt er sich in seiner vollen Grazie:

In dem längeren, das Terzett beginnenden Zwiegesang des Grafen und der Mandina werden die vielen Wiederholungen der fortwährenden Frage und Antwort: „tutto per me"? — „tutto per te" ꝛc. etwas eintönig, aber um so wirksamer bereiten sie das plötzliche Erscheinen des Bräutigams Pippo mit dem lebendig-dramatischen Einsatz in A-moll vor. Wie dann in der Folge der Ton der Eifersucht in allen Modulationen durchklingt, erst vom C nach dem gesteigerten E, dann wieder wechselnd modulirend nach C und H und wieder C, — das sind Züge, die den wahren musikalischen Dramatiker in Mozart kennzeichnen. Inhaltlich reicher ist dann das Quartett, in welchem Mandinas Unschuldsbetheuerungen schließlich zum Ausdruck führend stehenden Schmerzes sich steigern in dem süßen Motiv:

Wenn danach das Gezeter aller vier Personen zu dem Schlußsatze più stretto gesteigert wird, so entspricht dies ganz der ächten Opera buffa.

Beide Mozartsche Musikstücke befinden sich in der von ihm geschriebenen und vollständig ausgeführten Partitur in der Berliner Königlichen Bibliothek. Das Terzett hat 21 geschriebene Partiturseiten zu je 9 Systemen. Das Orchester hat außer den Streichinstrumenten 2 Klarinetten, 2 Hörner und 2 Fagotte. Im Quartett, das 27 Partiturseiten füllt, sind noch 2 Oboen hinzugefügt. Ueber dem Terzett ist von Mozarts Hand geschrieben: „Terzetto in die Oper La villanella rapita. Scene XII. Di Wolfgango Amadeo Mozart, Vienna li 21 di Nov. 1785." Das früher geschriebene Quartett ist datirt: 5. Nov. 1785. Wenn dabei angemerkt ist: Atto 2do scena XIII, so stimmt das nicht mit dem Buche, nach welchem das Quartett erst in den dritten Akt fallen würde.

Allerdings liegt mir der Text der Oper nur in einer gestochenen französischen Partitur vor, die wohl zu den seltsamsten Erscheinungen in der Opernliteratur gehört. Der Titel dieser in Paris erschienenen Partitur, die auch den vollständigen französischen Dialog enthält, ist:

„La villanella rapita, ou La villageoise enlevée. Opera Bouffon en trois actes, représenté au théâtre de Monsieur en 1789. Musique italienne de différens célèbres Compositeurs; Paroles italiennes traduite en Françaises par M. D."

Mit diesen différens célèbres Compositeurs hat es nämlich folgende Bewandtniß. Da, wie schon gesagt, der Text von mehreren Opernkomponisten benutzt worden, so ist der französische Verleger auf den wunderlichen Einfall gekommen, die Musiknummern abwechselnd von den verschiedenen Komponisten aufeinander folgen zu lassen. Es sind deren nicht weniger als acht, nämlich: Bianchi (mit 6 Nummern), Fezazzi, Mozart (nur mit dem Terzett), Ferraro Paisiello (mit 3 Nummern), Guglielmi, Sarti und Martini. — Daß ein so fragwürdiger Text wie dieser so viele Komponisten finden konnte, läßt daraus schließen, daß diese Bianchis

Francesco Bianchi.

Musik nicht höher schätzten als den Text. Wenigstens aber möge hier von Bianchi ein kleines Porträt eingefügt werden, das einer in London erschienenen sehr hübschen Zeichnung entnommen ist. Sie ist aus dem Jahre 1805, stellt ihn also in seinen letzten Lebensjahren dar, mit dem Zusatz: The celebrated Music Composer. Bianchi hat Mozart um zwanzig Jahre überlebt, aber nur die beiden Mozartschen Perlen in seiner Oper können gelegentlich wieder an ihn erinnern.

MUS

Emanuel Schikaneder.

Emanuel Schikaneder.
(Zu seinem nebenstehenden Bildnis.)

In der Geschichte Mozarts spielt Schikaneder eine ganz eigenartige Rolle. Wenn er auch als Schauspieler und Sänger wie als Theaterdichter keineswegs hervorragend war, und wenn man dagegen ihm auch vielfach Schuld gab, daß er Mozart, um ihn für die Arbeit an seiner letzten Oper in guter Stimmung zu erhalten, zu einem seiner Gesundheit verderblichen Genußleben verleitet habe, wenn man ihm ferner zum Vorwurf machte, daß er den großen Tonkünstler, während die „Zauberflöte" dem Direktor das Haus füllte, nicht gebührend bezahlte, so bleibt doch Schikaneders Name mit dem Namen Mozart durch die „Zauberflöte" unauflöslich verbunden, und weil Schikaneder das große Verdienst hat, Mozart zu seiner letzten wundervollen Meisterschöpfung veranlaßt zu haben, so können wir dafür ihm schon manches, was er gesündigt haben sollte, verzeihen und seine Schwächen milder beurtheilen.

Schikaneder war 1751 zu Regensburg geboren. Von seiner Herkunft weiß man sonst nur, daß seine Mutter an der Domkirche zu Regensburg einen kleinen Kram mit Rosenkränzen, Scapulieren und dergleichen hatte. Für die Musik begabt, hatte er frühzeitig das Violinspiel erlernt und war als fahrender Musikant in Begleitung von ein paar Genossen im Lande herumgezogen, um mit der Geige seinen Lebensunterhalt zu verdienen. Auf diesen seinen Wanderzügen kam er auch nach Augsburg, wo er das Theater kennen lernte, erst als Musiker darin Beschäftigung fand, bald aber den Beruf des Schauspielers erwählte. Sein schauspielerisches Talent scheint nicht groß gewesen zu sein, aber man rühmte an ihm eine gute Figur und lebhafte ausdrucksvolle Augen. Mit diesen seinen Vorzügen gewann er Herz und Hand einer Pflegetochter seines Direktors, dem er dann auch die Last der Prinzipalschaft abnahm. Da er als Heldenspieler dem Interesse seines Theaters wenig dienen konnte, war er jetzt um so eifriger als dramatischer Dichter. Er schrieb ziemlich viel Stücke, meist Schauspiele ernster Gattung, wie Philippine Welser, der Grand-prosess, der Buccentaurus, die Raubvögel, übersetzte dann auch manche Operntexte aus dem Italienischen. Mit seiner Schauspielertruppe zog er nach damaliger Sitte viel umher, spielte in Innsbruck, in Nürnberg, Salzburg u. s. w. Als Theaterlenker scheute Schikaneder keine Mittel, um das Publikum anzulocken, und war auch besonders erfinderisch im Anpreisen der Stücke auf dem Komödienzettel. Aus Salzburg berichtete man (in der Berliner Litteratur- und Theater-zeitung 1783) folgende hübsche Anekdote: Schikaneder hatte in Salzburg unter Anderem eine Tragödie Agnes Bernauerin gegeben, in der ein „Vicedom" als das böse Prinzip im Stücke die Hauptschuld an dem jammervollen Ende der schönen Baderstochter trägt, die bekanntlich wegen des Herzogs Albrecht Liebe zu ihr als Zauberin in der Donau ertränkt wurde. Da das Publikum über diesen schrecklichen Ausgang sehr unwillig war, zeigte Schikaneder bei der nächsten Aufführung des Schauspiels auf dem Theaterzettel an: „Heute wird der Vicedom über die Brücke gestürzt."

Als Darsteller war Schikaneder ursprünglich Heldenspieler; seine Rollen waren Karl Moor, Otto von Wittelsbach, Graf Essex, und erst später hatte er seinen eigentlichen Beruf im komischen Fach gefunden. Nach einer Uebergangsperiode seiner Wirksamkeit in Preß-burg kam er nach Wien, wo er dem Prinzipal des Kärnthnerthor-Theaters die Pacht ablaufte. Als er selbst aber als Heldenspieler kläglich durchfiel, zog er sich von Wien wieder nach seinem heimath-lichen Boden zurück, um dort das Theater zu übernehmen. Aber unangenehme Konflikte, die er sich in Liebesangelegenheiten soll zu-gezogen haben, veranlaßten ihn, auch Regensburg nach einiger Zeit wieder zu verlassen und nochmals sein Glück in Wien zu versuchen. Er nahm als Schauspieler bei dem damaligen Direktor des Leopold-städtischen Theaters, Marinelli, eine Anstellung und hatte jetzt in dem komischen Fache den entschiedensten Erfolg, den ihm die tragische Muse versagte. Endlich schuf er sich wieder als Direktor in Wien einen glücklichen Boden, indem er das Starhembergsche Freihaus als Theater einrichtete und mit diesem „Wiedener Theater" der Begründer des späteren Theaters an der Wien wurde. Nicht gleich im Anfang

wollte es ihm mit dieser Direktion glücken, und da er in seinen
ökonomischen Verhältnissen sehr bedrängt wurde, sann er darauf,
etwas Neues dem Publikum zu bringen, das ihm die Kasse füllen
könne. So wendete er sich an Mozart, daß dieser ihm die Musik
zu seinem erst in der ersten Anlage vorhandenen Texte der "Zauberflöte" schriebe.

Die Geschichte des Zauberflöten-Textes ist eine etwas verwickelte.
Wenn aber behauptet worden ist, daß der Text der Zauberflöte nicht
von Schikaneder verfaßt sei, sondern von Giesefe, so muß dies be-
stritten werden. Schikaneder nahm, wie auch Andere, seine Stoffe,
wo er sie kriegen konnte, und auch in diesem Falle benutzte er Vieles
aus verschiedenen Quellen. Für die Zauberflöte benutzte er zunächst
ein Märchenbuch, dann einen ihm dargebotenen Entwurf. Dieser
rührte von einem gewissen Metzler her, der 1790 an das Schikanedersche
Theater kam und unter dem Namen Giesefe im Chor und in kleinen
Rollen beschäftigt wurde,*) außerdem aber als akademisch gebildeter
Mann an Textbearbeitungen sich betheiligte. Von ihm soll der
Entwurf des Operntextes, soweit derselbe die Freimaurerei betrifft,
herrühren. Schikaneder hatte damit keineswegs ein eigentliches Plagiat
begangen, da Giesefe-Metzler, der eifriger Freimaurer war, seinen
Antheil an dem Texte selbst geheim halten wollte. Auch trat diese
Mitarbeiterschaft erst ein, als Schikaneder schon inmitten seiner Arbeit
war, für die er zunächst eine ganz andere Quelle benutzt hatte. Diese
ursprüngliche Quelle war ein Märchen: "Lulu, oder die Zauberflöte"
von Liebeskind, das in einer Sammlung von Feen- und Zaubergeschichten
1789 erschienen war. Während seiner Arbeit an dem Texte kam aber in
dem noch unter Marinellis Direktion stehenden Leopoldstädtischen Theater
ein Märchen-Singspiel zur Aufführung, für das der noch jugendliche
und später so fruchtbare Wenzel Müller die Musik geschrieben hatte.
Das Stück hieß: "Kaspar, der Fagottist, oder die Zauberzither",
und um eine Konkurrenz mit dieser Zauberposse zu vermeiden und
etwas durchaus Neues zu bringen, schwenkte er von seinem ursprüng-
lichen Plane ab, indem er das Weitere aus einer im Jahre 1777 aus

---

*) Auf dem ersten Theaterzettel der "Zauberflöte" steht Giesefe im Personal
noch als "Erster Sklav" verzeichnet.

dem Französischen ins Deutsche übersetzten „Geschichte des ägyptischen Prinzen Sethos" schöpfte und hierbei wahrscheinlich die ihm von Giesecke-Metzler dargebotene Vorlage benutzte. Während er hierdurch das dem Wiener Publikum neue Element der Freimaurerei als Grundlage nahm, war es natürlich, daß zwischen den ersten Scenen der Oper (etwa bis vor dem ersten Finale) und dem Uebrigen starke Widersprüche entstanden. Denn im Anfang sollte Sarastro wirklich als der böse Zauberer geschildert werden, der der Mutter ihr Kind geraubt hat, und auch die drei Knaben, die dem Tamino und Papageno als Begleitung mitgegeben werden, erhielten eine andere Bedeutung. Schikaneder kümmerte sich wenig um solche in der dramatischen Handlung entstandene Widersprüche; er nahm noch Einiges aus einer nach Wielands Oberon dramatisirten Oper und vereinigte so die verschiedenen Elemente zu seinem bunten, bald ernst sinnreichen, bald phantastischen und derb possenhaften Libretto, das — wie man auch über den dichterischen Werth desselben denken möge — in dieser von Mozart komponirten Form das Werk Schikaneders war.

So hieß es denn auch sowohl auf dem Theaterzettel wie auf dem (nebenstehend nach dem Originaldruck wiedergegebenen) Titelblatt des ersten Textbuches: „Eine große Oper in 2 Akten von Emanuel Schikaneder." Bei dem Textbuch, das schon auf dem ersten Theaterzettel als „an der Kasse" verkäuflich angezeigt war, ist es auffallend, daß der Name Emanuel, der auf dem Theaterzettel richtig stand, auf jenem Titel mit einem doppelten m gedruckt ist. Von den zwei Kupferstichen, mit denen jenes erste Buch geschmückt ist, zeigt das erste (vor dem Titelblatt) einen zum Theil verfallenen ägyptischen Tempel; das zweite Kupfer ist eine Abbildung des Papageno in einem mit Federn überlateenen, hinten mit einem Federschwanze versehenen Kostüm, auf dem Kopfe ebenfalls einen hohen Federschmuck und auf dem Rücken einen sehr großen Vogelkäfig, so daß man kaum begreift, wie er in solcher Tracht sich leicht habe bewegen können; der Theaterzettel aber giebt bei Ankündigung des Textbuches ausdrücklich an, daß Herr Schikaneder darin „nach wahrem Kostüm" gestochen sei. Von dem Inhalt jenes ersten Textbuches sei hier noch erwähnt, daß im 9. Auftritt vor dem Terzett „Du feines Täubchen, nur herein", Seite 23 bis 34, ein paar Dialogscenen enthalten sind.

Die Zauberflöte.

Eine

große Oper in zwey Aufzügen.

Von

Emmanuel Schikaneder.

Die Musik ist von Herrn Wolfgang Amade
Mozart, Kapellmeister, und wirklichem k.
k. Kammer-Compositeur.

Wien,
gedruckt bey Ignaz Alberti, 1791.

die später stets wegblieben, die eine ein Gespräch zwischen drei Sklaven, die andere (10. Auftritt) zwischen Monostates und den Sklaven.

Es ist bekannt, daß Schikaneder sich stets seiner Freundschaft mit Mozart rühmte. So zeigte auch der Theaterzettel an: „Herr Mozart wird aus Hochachtung für ein gnädiges und verehrungswürdiges Publikum, und aus Freundschaft gegen den Verfasser des Stücks, das Orchester heute selbst dirigiren." Und noch zehn Jahre nach Mozarts Tod, als Schikaneder das von ihm errichtete neue Theater „an der Wien" eröffnet hatte und auch die Zauberflöte wieder gab, zeigte er auf dem Theaterzettel an: „Da ich so glücklich war, Mozarts Freundschaft zu besitzen, und er aus wahrer Bruderliebe zu mir auf mein originelles Werk seine Meistertöne setzte, so werde ich heute das verehrungswürdige Publikum mit zwei, mir allein hinterlassenen Musikstücken von Mozarts Komposition vielleicht angenehm überraschen." Das eine dieser Musikstücke war vermutlich das Duett zwischen Tamino und Papageno, das wir im 7. Hefte der „Mittheilungen" als Beilage veröffentlicht haben.*)

Mozarts vertrauliches Verhältniß zu Schikaneder mag wohl zum Theil durch ihre Brüderschaft als Freimaurer herbeigeführt gewesen sein. Aber Mozart belustigte sich auch gern an Schikaneders drolligen Einfällen. Als dieser zum Beispiel bei einer der späteren Aufführungen der Zauberflöte sein Lied „Ein Mädchen oder Weibchen" mit den langen Zwischensätzen des Glockenspiels sang, hatte Mozart hinter der Kulisse selbst das Instrument gespielt und machte sich dabei den Spaß, das Zwischenspiel so lang auszudehnen, daß Schikaneder endlich ungeduldig auf sein eigenes nur zum Schein gespieltes Instrument schlug, mit den Worten „Halt's Maul!" Diesen Scherz berichtete Mozart mit besonderem Vergnügen in einem Briefe seiner Frau Constanze in Baden bei Wien.

Man möge übrigens gegen den Text der Zauberflöte, gegen gewisse Ungereimtheiten in der Handlung, sowie gegen mancherlei Dialogpartien und Verse noch so vieles einzuwenden haben, so hat doch trotzdem die ganze Handlung den großen Vorzug, daß sie musikalisch ist, insofern sie der Tonsprache ein reiches und ihr

*) Nachdem als Sonderausgabe im Verlag von Carl Simon Charton in Berlin erschienen.

günstiges Gebiet zuweist. Freilich nur einem Mozart war es möglich, bei einer solchen Buntheit in den Vorgängen — von der ernsten sittlichen Höhe des Sarastro bis zu den Papagenospäßen —, doch Alles durch den Zauber der Musik zu einem für unser Empfinden harmonischen Ganzen zu verbinden.

Nach dem Tode Mozarts hatte Schikaneder für Süßmayr, der als Schüler Mozarts bekanntlich die unausgeführt gebliebene Partitur des Requiem ergänzte, den Text zu seiner Oper „Der Spiegel von Arkadien" verfaßt, die — auch unter dem Tite. „Die neuen Arkadier" — viel und mit Beifall gegeben wurde (auch in Berlin 1796). Nicht so glücklich war Schikaneder mit einer Fortsetzung der Zauberflöte: „Das Labyrinth, oder der Kampf mit den Elementen", wofür Peter Winter die Musik geschrieben hatte, — nach Mozart ein kühnes Unternehmen! (Vergl. das 5. Heft der „Mittheilungen" S. 168.) Seine gesammelten Schauspiele („Theatralische Werke") waren schon 1792 in zwei Bänden im Druck erschienen.

Als Schikaneder das Theater im Freihause aufgeben mußte, fand er in einem gewissen Zitterbart einen Kompagnon, mit dem er das im Jahre 1801 eröffnete neue Theater „an der Wien" errichtete. Später mit Zitterbart veruneinigt, überließ er diesem das Theater allein gegen eine namhafte Summe. Schikaneder war ein vermögender Mann und kaufte ein Landhaus in der Nähe Wiens. Aber für ihn war begreiflicherweise das Theater so zum Bedürfniß geworden, daß er sich bald nach einer neuen Thätigkeit auf diesem Boden sehnte. Es wollte ihm aber jetzt nicht mehr glücken, und nachdem er eine Zeit lang das Theater in Brünn mit Verlust geleitet hatte, kehrte er wieder nach Wien zurück, in der Hoffnung, für ein geplantes, in der Josephstadt zu gründendes Theater die Direktion zu erhalten. Das Unternehmen kam aber nicht zu Stande, und Schikaneder war in seinen Vermögensverhältnissen so zurückgekommen, daß er in der Kriegszeit sein Haus mit großem Schaden verkaufen mußte. Verbittert durch Enttäuschungen und bekümmert durch Nahrungssorgen, verfiel er in Geisteszerrüttung.

Auf seinem, nach einem alten guten Kupferdruck in Verkleinerung von uns gegebenen Bildniß, dem wir diese biographische Skizze hinzufügten, haben seine dunkeln und großen Augen bereits einen eigenthümlichen, fast melancholischen Ausdruck. Sein Neffe, der eine Biographie von ihm verfaßt hat, erzählt darin, Schikaneder habe in seiner Geistesstörung erst allerlei wunderliche Possen getrieben, in der letzten Zeit aber habe er den ganzen Tag, mit einem großen Leintuch bedeckt, in dem Winkel eines Zimmers gesessen, ohne mit Jemand zu sprechen.

Für den einst lustigen Papageno war das ein trauriges Ende, und in solchem Sinne hätte Hamlets Wort „poor Yorick" auch auf Schikaneders Grabstein gepaßt.

Zur Geschichte der Frau Magdalena Hofdemel.

Unter den vielen von bösen Zungen verbreiteten Gerüchten über Mozart war wohl das allerschlimmste: Der Kanzlist der obersten Justizstelle, Franz Hofdemel, habe seine Frau, die eine Schülerin Mozarts war, aus Eifersucht auf Mozart tödten wollen und sich dann selbst, nachdem er seiner Frau viele Schnittwunden beigebracht, getödtet. Otto Jahn spricht in der ersten Auflage seiner unschätzbaren Mozart-Biographie (3, 179) über dieses grauenvolle Ereigniß und vermuthet, daß dasselbe wesentlich Mitursache der schwermüthigen Stimmung Mozarts in dessen letzten Lebensjahren gewesen sei. Es war hierbei Jahn entgangen, daß Mozart bereits todt und begraben war, als jenes vorfiel; nachdem er durch den unermüdlichen Mozart-Forscher Koechel dies erfahren hatte, veröffentlichte er in der „Allgemeinen Musikzeitung" vom Jahre 1863 (S. 171) und dann in seinen gesammelten Aufsätzen zu Mozarts Ehrenrettung sein „Mozart-Paralipomenon", und ließ die auf diesen Gegenstand bezüglichen Bemerkungen der ersten Auflage in der zweiten weg. Es waren ihm aber auch die zeitgenössischen Berichte der Tagesblätter über den weithin Aufsehen erregenden Vorfall unbekannt geblieben, in welchen er neue Belege für die Behauptung der Grundlosigkeit und Unhaltbarkeit des erwähnten Gerüchtes gefunden hatte. Zunächst ist bemerkenswerth, daß keiner dieser Berichte auch nur die geringste Hindeutung auf Mozart enthält, die sich die vielen Feinde und Neider Mozarts gewiß nicht versagt hatten, wenn sie nur irgendwie glaubwürdig gewesen wäre. Der in der „Grätzer Zeitung" vom 13. Dezember 1791, also eine Woche nach der That veröffentlichte Bericht bezeichnet „Eifersucht und andere häusliche Umstände" als Veranlassung von Streitigkeiten und Zornausbrüchen des Ehepaares, welche mit der schweren Verwundung der Frau und dem Selbstmord Hofdemels ihren traurigen Abschluß fanden. Auch der wieder um eine Woche spätere Bericht in der genannten Zeitung, laut welchem Hofdemel seiner Frau erklärte, sterben zu wollen, und sie frug, ob sie mit ihm sterben wolle, läßt die That aus Eifersucht „der unseligsten Leidenschaft" verübt werden, die der Berichterstatter aber offenbar für unberechtigt hält, indem er beifügt, daß diese Leidenschaft „irrige Schattenbilder entflammen, die selten die stärksten Vernunftgründe auslöschen können". — Der Bericht vom 27. Dezember sagt: „Die Wittwe des Selbstmörders, welcher — wie man jetzt weiß — sich mehr aus Kleinmuth als aus Eifersucht entleibt hat, lebt noch, und nicht nur viele Damen, sondern Ihre Majestät die Kaiserin selbst haben dieser Frau, deren Aufführung als untadelhaft bekannt ist, Unterstützung zugesichert." — Die „Grätzer Bürgerzeitung" vom 6. Januar 1792 berichtet: Die Frau Hofdemel .... ist jetzt außer aller Gefahr und kann bereits wieder sprechen. . . . . Sie will übrigens schlechterdings nicht gestehen, was zu diesem gräßlichen Auftritte Anlaß gab, und begnügt sich bloß zu sagen, sie habe ihren Gatten geliebt und werde nie aufhören, ihn aufrichtig zu bedauern. — In der „(Wiener) Zeitung für Damen und andere Frauenzimmer" vom Jahre 1792 (Nr. 2, S. 37) erzählt ein Mann, der in demselben Hause mit Hofdemel wohnte, dieser wäre ein Blutbrecher gewesen und hätte an dem Unglückstage nach einem heftigen Blutsturz unter dem Aufrufe: „Ach, mit mir ist's aus, es ist keine Hülfe mehr, ich muß sterben," seine Frau mit einem Bartmesser überfallen und tödlich verwundet, indem er ihr zurief: „Weib, Dich soll kein Anderer besitzen, Du mußt mit mir sterben." Auch nach einer Mittheilung der „Grätzer Bürgerzeitung" von 10. Februar 1792 wollte Hofdemel „aus überspannter Liebe seine Frau zur Gefährtin seines Todes haben". — Diese Nachrichten lassen daran kaum zweifeln, daß Hofdemel in krankhafter Sinnesverwirrung seine gräuliche That verübt habe. Dies bekräftigt auch der Bericht der „Grazer Zeitung" vom 9. Februar, der zugleich ein glänzendes Zeugniß der sittlich tadellosen Lebensführung der unglücklichen Frau darbietet und deshalb hier auch noch eine Stelle finden soll. Er lautet: Die durch ihren plötzlich rasend gewordenen Ehemann so sehr mißhandelte Frau Hofdemel ist nun durch

21*

die Geschicklichkeit und den rastlosen Fleiß der Herren Aerzte Peter Roßmann und Günther schon so weit hergestellt, daß sie ihren Dank den höchsten und hohen Herrschaften persönlich abstatten kann. Wie sehr das Schicksal dieser Unglücklichen das Mitleid beinahe aller Bewohner Wiens erregt, wie sehr Jeder Theil an ihrem Leiden nahm, ist zu bekannt, als daß ich hiervon einige Meldung machen sollte. Unsere große Kaiserin ließ sich genau um das Befinden erkundigen, ihr Trost zusprechen und ihre Schmerzen durch die gnädigste Verheißung lindern, daß die Monarchin Sorge für ihr künftiges Schicksal tragen werde. Viele erhabene Menschenfreundinnen wetteiferten, die Unglückliche zu trösten und ihre Schmerzen zu lindern. Unter diesen glänzen vorzüglich die Gräfin von Stahrenberg und die Gräfin von Chotek..." u. s. w. Meines Erachtens ist nicht daran zu denken, daß einer Frau, deren Unbescholtenheit nicht vollständig außer Zweifel stand, eine derartige höchst ehrende Antheilnahme geschenkt worden wäre. Daß sich demungeachtet jenes böse Gerücht lange forterhielt und auch von Beethoven geglaubt wurde, darf nicht wundern; aber auch Beethoven scheint sich von der Unhaltbarkeit desselben überzeugt zu haben, da er die zuerst in der Erinnerung an jenes Gerücht abgewiesene Bitte der Magdalena Hofdemel, ihn spielen zu hören, später doch erfüllt hat (Jahn, Ges. Auss. S. 231).

Graz, September 1900.   F. Bischoff.

Kleine Mittheilungen.

— **Aus Salzburg** verkündet der letzterschienene Jahresbericht der internationalen Stiftung „Mozarteum", daß man beschlossen habe, im nächsten Sommer (als dem zehnten Jahre nach der Centenarfeier von 1891) in der Mozart-Stadt eine große Musikaufführung zu veranstalten, und sollen solche Aufführungen in jedem weiteren Jahrzehnt stattfinden.

— **Musikalische Renaissance** — unter dieser Bezeichnung hat der in Königsberg i. Pr. lebende Musikdirektor Otto Fiebach, ein gründlicher und vielseitig gebildeter Musiker, einen Aufruf zur Bildung eines Vereins versandt. Fiebach, der auch als Opernkomponist mit Glück in die Oeffentlichkeit getreten ist, geht in diesem Aufruf von Grundsätzen aus, denen jeder ehrliche und ernste Musiker wie Musikfreund nur zustimmen kann. In der modernen Musikrichtung, sagt er, und in der musikalischen Erziehung werde „der reine Satz, der strenge Kontrapunkt immer mehr durch die sogenannte Akkordlehre verdrängt, so daß die musikalische Production die Basis einer strengen kontrapunktischen Vorbildung allmählich verläßt, bei schließlich die moderne Komposition dieselbe vollständig verhorrescieret". Nachdem dies mit Bezug auf Kirche, Theater und Konzertsaal weiter ausgeführt ist, heißt es: „Die Natur ist es, gegen die sich die Modernen versündigen, daß sie die Regeln des Wohlklangs mit Füßen treten und den natürlichen Tonerzeuger unter die künstlichen herabdrücken, denn der a capella-Gesang wird zu Grabe getragen und in der Oper wird der Sänger durch das Orchester erdrückt." Unsere alten Meister haben Kirche, Theater und Konzertsaal beherrscht, „weil ihr Kunstkönnen auf dem tiefgehenden unerrückbaren Fundament einer jahrelangen strengen kontrapunktischen Schulung basirte, auf dem sie ebenso gut ein leichtes Landhaus wie den Kölner Dom errichten konnten".

Was der zu bildende Verein unter dem Zeichen „Musikalische Renaissance" erstreben soll, ist: Einführung des Unterrichts im strengen Kontrapunkt in allen Lehranstalten, in denen Musiktheorie getrieben wird; ferner: Herausgabe geeigneter Werke und Verbreitung der Grundsätze durch die Vereinigung Gleichgesinnter. — Wie uns berichtet wird, hat Musikdirektor Fiebach bereits so zahlreiche zustimmende Beantwortungen erhalten, daß die Bildung des Vereins gesichert erscheint.

— **Richard Wagner als Mozart-Interpret.** Daß Wagner ein außerordentlicher Orchesterdirigent war, ist bekannt. Aus einem freilich nur ganz geringfügigen Beispiel wird man erkennen, mit welcher Hingebung und Sorgfalt er bei einer Mozartischen Symphonie in den Geist des von ihm geliebten und bewunderten Tondichters einzudringen suchte. Wir finden diese Stelle in einem an Hans v. Bülow gerichteten Briefe, den der jüngst erschienene 3. Band des Bülowschen Briefwechsels enthält. Wagners Brief an Bülow ist aus dem Jahre 1878; nachdem er darin bemerkt hat, er würde den „Mozart-Evolutionen" wo? gern beiwohnen, fährt er fort:

„In Betreff des sogenannten Schwanen-Andante's der Mozartischen Es-dur-Symphonie (davon ich leider gar nichts bei mir habe) entsinne ich mich nur, daß es hauptsächlich auf einen bedeutenden Vortrag des Hauptthemas ankam und wieso immer fast einzig bei Mozart auf den Gesang seiner Motive es ankommt. Hier ist die Schwierigkeit, ein nicht schleppendes Tempo für das Ganze zu finden, und doch dem Hauptsatze sein Recht angedeihen zu lassen; denn, wenn es im schlichten Tempo, ohne alle Nuance, wie es dasteht, weggespielt wird wie dies von allen Orchestern geschieht, so ist der ganze Zauber dahin.

Also etwa dieien ersten Takt so:

rallent.

— bei As moll pp versteht sich.

cresc. dim. subito p

die aufsteigende Figur im Haupttempo, aber schließlich etwas zögernd; die Pausen lang. So bei der Position des Themas, von dann ab (unter rhythmischem

Accompagnement) die erste. Nuance immer etwas beibehalten, natürlich aber das nun kichernd gewordene Tempo festhalten!"

— Für die **Berliner Mozart-Gemeinde** sind die beiden ersten „geselligen Musikabende" dieses Winters auf den 7. und 20. November angesetzt.

— Am Sonntag, den 9. Dezember, wird in der Singakademie eine große Musikaufführung unter Mitwirkung der „Neuen Orchester-Vereinigung" sowie namhafter Künstler stattfinden.

Max Jähns.

Einen wahren und treuen Freund durch den Tod zu verlieren, ist schmerzlich. In dem am 19. September sehr unerwartet dem Leben entrissenen Oberstleutnant z. D. Dr. Max Jähns hat auch die Berliner Mozart-Gemeinde einen solchen Freund verloren, und es soll ihm deshalb auch in den für unsere Mozart-Gemeinde bestimmten Druckschriften ein kurzer Nachruf gewidmet sein.

Soviel man auch in der Beurtheilung seines reichen Schaffens und Wirkens einestheils die außerordentliche Arbeitskraft des Militärschriftstellers bewundern, oder seine großen Verdienste als vieljähriger Vorsitzender des deutschen Sprachvereins würdigen möge: das Alles ist für das, was Jähns war, bei Weitem nicht erschöpfend, denn das, was bei ihm Alles überragte, das war der ganze Mensch, — ein idealistisch angelegter, dabei aber klar denkender und urtheilender, unter allen Umständen aber makellos reiner und liebevoller Mensch. Und diese schöne, reine Menschlichkeit kam bei Jähns nicht nur aus seiner ureigenen und unwandelbaren Natur, sondern sie war auch zugleich ein Produkt seiner allgemeinen Bildung und seines Wissens.

Max Jähns hat unserer Mozart-Gemeinde seit Gründung derselben nicht nur mit ganzem Herzen angehört, sondern er hat auch als Mitglied des Vorstandes um das Gedeihen derselben sich verdient gemacht; wenn auch nicht durch fördernde Thätigkeit auf musikalischem Gebiete, so doch vor Allem durch seinen feinen, ästhetischen Sinn und durch seine vornehme Persönlichkeit, die sich auch bei den in seinem Hause stattfindenden Zusammenkünften der Vorstandsmitglieder wohlthuend geltend machte.

Jähns war ein Sohn des als musikalischen Biographen Carl Maria v. Webers rühmlichst bekannten Musikdirektors Friedrich Wilhelm Jähns, und dem im Jahre 1837 geborenen Kinde wurde in huldigender Erinnerung an den „Freischütz" der Taufname Max gegeben. Wenn auch Max Jähns in seiner künstlerisch angelegten Natur sich niemals musikalisch, sondern nur dichterisch bethätigte, so stand doch in seinem Vaterhause die freundliche Muse der Tonkunst seiner Wiege nahe, und der ihn berührende Athem der Liebevollen unter den schönen Künsten ist sicher nicht ohne Einfluß auf den ganzen Menschen gewesen. Seine Lieblingsbeschäftigung aber blieb die Dichtkunst, und bei seinen militär-

und kriegswissenschaftlichen Arbeiten blickte die Muse der Poesie ihm über die Schulter und wartete ab, bis er in seinen Erholungsstunden sich ihr ganz zuwenden werde. Auf diesem seinem künstlerischen Gebiete war er nicht nur selbst schöpferisch thätig, sondern hatte auch ein feines Verständniß für die Auserwählten unserer Litteratur, unter denen besonders Goethe bei ihm die erste Stelle einnahm. In seiner sehr reichen und kostbaren Autographensammlung sind denn auch zwischen vielen höchst werthvollen historischen Stücken die Dichter reich vertreten. Unter den Schätzen dieser Sammlung befindet sich auch der köstliche Brief Mozarts an seine Braut Constanze aus dem Jahre 1782, den Jähns auf Ersuchen des Unterzeichneten diesem bereitwillig zur Facsimilirung überließ (6. Heft der „Mittheilungen"). Ohne daß Jähns mit der Musik sich theoretisch oder praktisch beschäftigte, war doch die Harmonie die Grundlage in seiner Natur, und es war ihm für die Musik auch das volle Empfinden für die Reinheit der Kunst verliehen, für jene reine Schönheit, als deren höchsten Vertreter wir Mozart lieben. Diese Reinheit des Empfindens erfüllte aber bei Jähns den ganzen Menschen, in welchem klarer Verstand mit dichterischem Empfinden, Festigkeit der künstlerischen und sittlichen Grundsätze mit freundlicher Milde vereint waren. In der Harmonie seines Wesens bildete den innersten Kern eine vornehme Seele, die nichts Unreines oder Verkehrtes in sich aufkommen ließ, den ihm widerstrebenden Erscheinungen gegenüber aber stets maßvoll blieb, da zu seinen schönsten Eigenschaften auch die Tugend der Duldsamkeit gehörte. In Bezug auf Jähns kann man im vollsten Sinne das Wort anwenden, daß in einem Menschenleben voll Thätigkeit das Höchste und Beste doch immer — der Mensch bleibt.

Rudolph Genée.

Beantwortungen.

— L. Mirow in Barsinghausen. Der Aufsatz enthält viel Richtiges und Vortreffliches. Wie Sie aber selbst vermuthen, steht einer Veröffentlichung in unseren Schriften schon der Umstand entgegen, daß wir vor Allem neues Thatsächliches bringen. Ueberdies aber wird Polemik in solchen Dingen kaum etwas nützen. Die von Ihnen so treffend bezeichneten „Uebermenschen in der Musik" und deren Anhänger sind am besten zu bekämpfen, wenn man die Tonsprache Mozarts und anderer Klassiker immer wieder den großen Kreisen des Publikums zum Verständniß und reinen Genuß bringt. Zu solchem Zwecke sollen die in unserer Mozart-Gemeinde veranstalteten Musikabende mit den Druckschriften Hand in Hand gehen. In jeder großen Stadt werden die verschiedensten Richtungen des Geschmacks vertreten sein, und wir können auch den Musikübermenschen ihr Dasein gönnen. Für Ihr andauerndes lebhaftes Interesse, das Sie für unsere Bestrebungen bekundet, herzlichen Dank.

— W. H. in Berlin. Die von Ihnen geschilderte grobe Vernachlässigung des auf Goethes Veranlassung im Parke zu Tiefurt errichteten und „Mozart und den Musen" gewidmeten Denksteines ist ja bezeichnend für die Einseitigkeit des so lauten Weimarischen Goethekultus. Wir werden die von Ihnen vorgeschlagene Form einer nach Weimar zu richtenden Eingabe baldigst in Erwägung ziehen und danken für Ihre dazu gegebene Anregung.

— F. Sch. in Berlin. Die anmaßliche Art eitler Neuerer, den alten, fest eingebürgerten deutschen Text zum „Don Juan" durch neue Uebersetzungen zu verdrängen, ist in unseren Schriften schon früher, besonders im 3. Hefte, gelegentlich der Münchener Aufführungen beleuchtet worden. Da nun auch dem Berliner Opernpublikum trotz allgemeiner Mißbilligung die Münchener Uebersetzung von Levy aufgenöthigt werden soll, werden wir darauf zurückkommen, um nachzuweisen, daß auch diese Uebersetzung in fast allen Fällen eine überflüssige, in sehr vielen Fällen aber eine entschiedene Verschlechterung des alten Rochlitzischen Textes ist.

Mittheilungen
für die
Mozart-Gemeinde in Berlin.

Im Vertrieb der Königlichen Hofbuchhandlung von E. S. Mittler & Sohn.

Erstes Heft (Novbr. 1895): Die Musikhandschriften Mozarts auf der Berliner Königlichen Bibliothek. — Constanze v. Nissen, die Wittwe Mozarts, mit bisher ungedruckten Briefen nebst ihrem Bildniß. — Joh. André und Mozart als Rivalen in der "Entführung" (mit Notenbeilage). — Kleine Mittheilungen.

Zweites Heft (April 1896): "Der Kapellmeister", Singspiel nach Mozartischer Musik von Rudolph Genée. — Zur Geschichte des "Schauspieldirektor". — Una cosa rara in Mozarts "Don Juan" (mit Notenbeilage). — Eine Zeichnung Mozarts vom "Bäsle" mit zwei Facsimiles.

Drittes Heft (Novbr. 1896): Mozarts Klaviervariationen, von Dr. Haase. — "Don Juan" in München und die Textfrage. — Mozarts Schwester Nannerl (mit Porträt). — Mozart in Berlin 1789 (mit einer Abbildung nach einem alten Stiche).

Viertes Heft (April 1897): Leopold Mozart. — Mozarts Beziehungen zu Berlin, von Dr. Ernst Friedlaender. — Ueber Mozarts Bildnisse. — Constanze v. Nissen und Spontini. — Kleine Mittheilungen. Mit sechs Bildnissen und zwei Mozartschen Musikstücken in Facsimile.

Fünftes Heft (Februar 1898): Mozart als Knabe in London und sein Noten-Skizzenbuch vom Jahre 1764. (Mit Bildniß und Notenbeilage.) — Ueber Mozartsche Manuskripte. Von Dr. B. Henkel. — Der erste Darsteller des Don Giovanni Sign. Bassi (mit Bild). — Mozarts Ohr (mit Bild). — Kleine Mittheilungen. Nekrologe. — Beilage: 13 Stück aus Mozarts Noten-Skizzenbuch vom Jahre 1764.

Sechstes Heft (Oktober 1898): Mozarts Geburtshaus (mit Abbildung). — Das Grab Leopold Mozarts in Salzburg und Genovefa v. Weber; nebst den Stammtafeln der Familien Mozart und Weber. — Nachträge zu Mozarts Aufenthalt in London 1764, mit Notenbeispielen ꝛc. — Mozarts Brief an seine Braut Constanze 1782. — Kleine Mittheilungen; Geschäftsbericht. (Beilage: Facsimile des Mozartschen Briefes an Constanze.)

Siebentes Heft (März 1899): Ein bisher unbekannt gebliebenes Duett zu Mozarts Zauberflöte. — Aus Sartis "due litiganti" in Mozarts Don Giovanni. — Musikalien-Anzeigen Mozartscher Werke aus seiner Lebenszeit. — Kleine Mittheilungen. — Geschäftliches: Bestimmungen für die Mozart-Gemeinde; Mitgliederliste. Notenbeilage: Klavier-Auszug des neu aufgefundenen Duetts zur Zauberflöte.

Achtes Heft (Oktober 1899): Das Mozart-Bildniß von Doris Stock (zu dem Titelbild). — Die Themata zu Mozarts Klavier-Variationen (mit Noten-Beispielen). — Ein Zeitgenosse Mozarts: Karl v. Dittersdorf (mit Bildniß). — Kleine Mittheilungen: Zwei Briefe Mozarts vom Jahre 1786. Das Glockenspiel in der „Zauberflöte". Ein Konzert der Wittwe Mozarts. Musik-Litteratur.

Neuntes Heft (März 1900): Abbé Maximilian Stadler (mit dessen Bildniß). — Mozarts Partitur-Entwurf zu seiner Oper „L'Oca del Cairo". — Musikaufführung des Dresdener Mozart-Vereins in Berlin. Die geselligen Musikabende der Berliner Mozart-Gemeinde. Kleine Mittheilungen und Geschäftliches.

hierzu: **Musikbeilage: Duett aus Mozarts Oper „L'Oca del Cairo".**

Zehntes Heft (Oktober 1900): Mozarts Einlagen zu Bianchis Oper „La villanella rapita". — Emanuel Schikaneder, mit Porträt und Titelblatt des Textbuches zur „Zauberflöte". — Zur Geschichte der Frau Magdalena Hofdemel. Von F. Bischoff in Graz. — Kleine Mittheilungen und Geschäftliches.

Notenbeilage: Abbé Stadlers 4. Psalm.

Neu eintretende Mitglieder erhalten die in demselben Jahre erschienenen Hefte der „Mittheilungen" mit der Mitgliedskarte zugestellt und können die in den Vorjahren erschienenen Hefte à 1 Mark bei der Geschäftsstelle, Musikalienhandlung von Raabe & Plothow, Potsdamerstr. 21, nachgeliefert erhalten. Für Nichtmitglieder sind die Hefte à 1 Mark 50 Pf. durch alle Buchhandlungen von der Königlichen Hofbuchhandlung E. S. Mittler & Sohn, Berlin, Kochstraße 68—71, zu beziehen.

Die Notenbeilage am Schlusse dieses Heftes:
Der 4. Psalm,
komp. vom Abbé Maximilian Stadler

ist als Nachtrag zu dem vorigen (9.) Hefte zu betrachten, und zwar zu dem Artikel: Abbé Stadler. Um den hochverdienten Mann auch in seiner Bedeutung als Tonkünstler in Erinnerung zu bringen, geben wir heute einen der schönsten seiner zahlreichen Psalmen, die erst in der Zeit von 1810—1812, einige noch später, entstanden sind. Der hier mitgetheilte 4. Psalm zeichnet sich ganz besonders durch erhabenen Stil, wie auch durch eine so eindrucksvolle musikalisch-dramatische Gliederung aus, daß er wohl verdient, in weiteren, den Gesang pflegenden Kreisen Aufnahme zu finden.

Geschäftliches.

Bestimmungen für die Berliner Mozart-Gemeinde.

1. Der Zweck der Berliner Mozart-Gemeinde ist: die Pflege der Mozartschen Musik, durch Aufführungen in Konzerten wie in geselligen Vereinigungen; Förderung des Verständnisses seiner Tonschöpfungen und Würdigung derselben durch litterarisch-ästhetische Untersuchungen und historische Forschungen.

2. Die Berliner Mozart-Gemeinde, die sich laut Beschluß des Vorstandes (am 30. Oktober 1898) von der Salzburger Centralleitung der internationalen Gemeinde unabhängig gemacht hat, verwaltet die nach Abzug aller Kosten verbleibenden Ueberschüsse selbständig.

3. Als Mitglied der „internationalen Mozart-Gemeinde" zahlt Berlin an die Centralstelle in Salzburg einen Jahresbeitrag von 100 K.

4. Die von den Jahresbeiträgen der Mitglieder in Berlin und außerhalb verbleibenden Ueberschüsse (einschließlich besonderer Spenden) können aus dem zunächst bei der Deutschen Bank deponirten Kapital für vorkommende Unterstützungszwecke, wie auch für künstlerische Unternehmungen verwendet werden, und hat darüber der Vorstand zu beschließen.

5. Die Erträge größerer Konzerte wie der geselligen Musikabende sollen ebenfalls dem Vermögen der Gemeinde zu, sofern nicht besondere Veranstaltungen für bestimmte Zwecke angekündigt werden.

6. Für die auch außerhalb Berlins sehr zahlreichen Mitglieder der Berliner Gemeinde bilden die in unbestimmten Zwischenräumen erscheinenden Druckschriften, unter dem Titel „Mittheilungen für die Berliner Mozart-Gemeinde", ein einigendes Band. Diese Schriften bringen hauptsächlich neue Forschungen zur Geschichte Mozarts und seiner Schöpfungen, daneben auch kleinere Nachrichten aus der Gegenwart, und

sind reich mit künstlerischen Reproduktionen, Bildnissen, Facsimiles und Notenbeilagen ausgestattet. Diese Hefte werden allen Mitgliedern, die einen Jahresbeitrag zahlen, einheimischen wie auswärtigen, durch die Post frei zugeschickt.

7. Der **Jahresbeitrag** ist dem Belieben freigestellt, jedoch mit Festsetzung eines **Mindestbetrages** von 1 ℳ 50 ₰ für das Ausland 2 ℳ.

8. Die Mitgliedskarte gilt für das Kalenderjahr. Neu eintretende Mitglieder erhalten die in demselben Jahre erschienenen Hefte der „Mittheilungen" mit der Mitgliedskarte zugestellt und können die in den Vorjahren erschienenen Hefte gegen Zahlung von 1 ℳ für das Heft in der unten bezeichneten Geschäftsstelle nachträglich erhalten. Für Nichtmitglieder sind die Hefte à 1 ℳ 50 ₰ durch alle Buchhandlungen (von E. S. Mittler & Sohn, Berlin) zu beziehen.

9. Bei **Konzerten**, die im Interesse der Mozart-Gemeinde zu veranstalten sind, werden die Mitglieder zunächst durch Cirkulare davon in Kenntniß gesetzt und genießen dieselben bis zu einem bestimmten Termin das Vorkaufsrecht, wie auch Ermäßigung der Eintrittspreise.

10. Die Jahresbeiträge, sofern sie nicht schon für das neue Jahr bei der Geschäftsstelle gezahlt worden sind, werden im Januar gegen Verabfolgung der neuen Mitgliedskarte durch Boten einkassirt. — **Auswärtige** Mitglieder haben den neuen Jahresbeitrag rechtzeitig einzusenden.

Berlin 1900.

Für den Vorstand:
Dr. Rudolph Genée.

Anmeldungen neuer Mitglieder

wie auch Erneuerung der Mitgliedskarten in der Musikalienhandlung von

Raabe & Plothow, Potsdamerstraße 21.

Erfolgte Wohnungsveränderungen wollen die Mitglieder in ihrem eigenen Interesse bei obiger Geschäftsstelle anzeigen.

Verzeichniß der Mitglieder und Jahresbeiträge 1900.

	ℳ ₰		ℳ ₰
Abelen, Frau Geh. Rath	3 —	Bake, Otto, Pianist	2 —
Abraham, Frl. Marie	3 —	Bald, Hauptmann	2 —
Adler, Emil, Dr., Sanitätsr.	3 —	Bald, Frau	2 —
Albrecht, Frl. Mark	2 —	Barbi, Dr., Gymnasialdirektor	6 —
Alexander, Frl. Auguste	3 —	Barnewitz, Paul	— —
Alexander, Friedrich	5 —	Barnid, Franz	2 —
d'Alton-Rauch, Frau Major	5 —	Barth, Prof. Heinrich	10 —
Alvensleben, v., Oberst a. D.	3 —	Bartsch, v., Frau Minist. Dir.	3 —
Ammon, v., Geh. Rath	3 —	Bauer, Heinrich, Redakteur	2 —
Ammon, v., Frau	2 —	Bauer, Frau Hauptm. (Plön)	3 —
André, C. A., Musikalienhdlr. (Frankfurt a. M.)	10 —	Baumgarten, Reg. Rath (Helmstedt)	3 —
Anger, Carl, Bankier	6 —	Becker, J., Baumeister	3 —
Annecke, Eduard	3 —	Becker, Karl, Professor	6 —
Appelius, Geh. Ober-Baurath	5 —	Beer, C., Direktor	6 —
Appelius, K., Verlagsbuchh.	3 —	Begas-Parmentier, Frau	3 —
Arenberg, Frau (Kassel)	5 —	Behrend, Louis	3 —
Arendt, Frl. Helene	2 —	Benard, Frau Franziska	1 50
Arlberg, Hjalmar	1 50	Bender, Frl. Marie, Pianistin	3 —
Aschenheim, Leopold	5 —	Bergius, v., Gen. Maj. z. D.	5 —
Aschenheim, Frau Anna	5 —	Bergmann, Bernhard	3 —
Asten, v., Frl. Julie	5 —	Bergmann, Frau	3 —
Asten, v., Frl. Marie	1 50	Bergmann, Frl. Elisabeth	3 —
Averdieck, Wit. M. E. Bradford in England)	2 —	Bernhard, Alexander	6 —
Aye, Frau Mathilde	3 —	Bernstein, Frau Professor	10 —
Baerwald, Frau Emma (Frankfurt a. M.)	2 —	Bernstein, Fräulein	5 —
Bahn, Martin	5 —	Beroldingen, v., Gräfin Alexandrine Schloß Hochberg bei Stuttgart	6 —
Bail, Stadtroth	5 —		

	M. Pf.		M. Pf.
Belaß, Berthold	3 —	Bürgers, Max	3 —
Besser, v., Major	2 —	Büsing, Frl. Margarethe	3 —
Bessert-Nettelbeck, Fräulein	3 —	Buggisch, Max	3 —
Bey, Franz, Kgl. Kammersäng.	10 —	Bunsen, Frau Amtsger. Rath	2 —
Binder, Paul	3 —	Bunsen, Frl. Marianne	2 —
Blank, Fritz	5 —	Burchardt, Frl. Luise	4 —
Blank, Frau Clara	3 —	Burt, v., Oberstleutnant z. D.	
Bloch, G.	3 —	(Coburg)	5 —
Bloch, Hugo	3 —	Buttel, Georg, Direktor	3 —
Bloch, Frau	3 —	Cahn, Dr., Wirkl. Geh. Legat.-	
Blohm, Frl. Marie	5 —	Rath	6 —
Blum, Frau Dir.	2 —	Cahn, Frau Lina	6 —
Blume, Albert		v. Carnap	10 —
Blume, Frau M. geb. Rapenß	3 —	v. Carnap, Frau	10 —
Blume, Alfred, Professor	5 —	Casper, Frau Pauline	10 —
Blume, v., Frl.		Charton, D. (C. Pari)	2 —
Blumner, R., Prof. Dr.	5 —	Charton, Frau Margarethe	2 —
Böhm, Frau Geh. Rath	3 —	Cohn, Albert	5 —
Böhm, Frl. Elisabeth	2 —	Collin, Daniel	4 —
Boenisch, Frl. Hedwig	3 —	Coste, Prof. Dr., Gymn. Dir.	2 —
Boenisch, Frau Bauxath	2 —	Costenoble, Frl. Louise	3 —
Boetticher, Frau Professor	5 —	Coqui, Ernst	5 —
Boll, Raphael	4 —	Coqui, Frau Margarethe	5 —
Borchardt, Philipp	3 —	Cramm-Burgsdorf, v.,	
Boretius, Frl. Schul-		Freiherr, Excellenz	10 —
vorsteherin	3 —	Cronbach, S.	3 —
Boretius, Frl. Charlotte	3 —	Cromer, Dr., Geb. Rath	3 —
Bralsch, Dr., Martin	3 —	Cubelius, Frl. Sophie	
Braun, Alfred, Reg. Baumeister	3 —	(Halle)	3 —
Braunbehrens, v., Wirkl.		Dassio, Dr., Ed., Ver. Assess.	1 50
Geh. Rath	3 —	Darmstädter, Frau Dr.	5 —
Bredow, v., Frl.	2 —	Darmstädter, Frl. Martha	5 —
Breest, Pfarrer Lic.	3 —	David, Paul (Uppingham in	
Breiderhoff, Frau Dr.	5 —	England)	5 —
Brod, Ignatius	10 —	Deder, v., Frau Hilda	5 —
Bruch, Prof. Max	2 —	Deder, Frl. Hedwig	2 —
Bruno, Frl. Marie	3 —	Degen, Dr., Reg. Assessor	
Brunow, Professor	3 —	(Bromberg)	
Buckardt, Fritz	5 —	Dehnhoff, Eugen	3 —
Budde, Oberst	3 —	Delbrück, Frau Geh. Rath	5 —
Budde, Frau Oberst	3 —	Delbrück, Frau Landger. Rath	5 —
Bünte, G., Kgl. Oberförster	1 50	Delbrück, Frl. A.	3

	M. ₰		M. ₰
Denecke, Albrecht	3,—	Ernst, Frau Hanna	1,50
Denecke, Frau Elisabeth	10,—	Ernst, Frau Justizrath	5,—
Dernburg, Frau Luise	4,—	Ernst, Assessor	3,—
Dernburg, Frl. Luise	2,—	Fabricius, Oberstleutn. a. D.	3,—
Devens, Frau Ober-Reg. R.	6,—	Fabricius, Frau Oberstleutnant	
Dieterici, Geh. Reg. R., Prof.	3,—		1,50
Dittrich, Paul	3,—	Jelisch, Bruno	
Dittmar, C. W., Dr. (Lübeck)	2,—	Fischer, Frau Dr.	3,—
Dohrn, Direktor	3,—	Fischer, Georg (München)	5,—
Dohme, Frau Geh. Rath	5,—	Fischer, Dr., Wirkl. Geh. Rath	3,—
Donath, Reg. Rath	3,—	Flathoff, Frl.	5,—
Donath, Frau Dora	2,—	Fleischer, Prof. Dr.	6,—
Donisch, Frl. Martha	1,50	Fleischhammer, Geh. Hof-	
Doß, Frl. M.	3,—	Justizrath	3,—
Droysen, G., Dr. jur. (Halle)	3,—	Forsboom, Richard (Würzb.)	3,—
Droysen, Felix (Halle)	1,50	Fragstein-Niemsdorf, General-	
Dulong, v. J. Henri		leutnant	3,—
Dunker, Frl. Annie	1,50	Frank, Frau	3,—
Ebart, v., Kammerherr (Gotha)	3,—	Frank, Frl.	3,—
Ebeling, Abr. (Enschede,		Frank, Frl. Ida	2,—
Holland)	10,—	Frank, Frl. Ella	2,—
Eggers, Frl. Auguste	2,—	Frank, Dr., Herrmann	2
Eggert, Frau Geh. Rath	5,—	Frank, Frau	3,—
Einödshofer, J., Kapellmeister		Frank, Eugen (Dresden)	3,—
Ellinger, Dr.	2,—	Frank, Benno	3,—
Engelken, Frau Dr.	2,—	Frank, Frau Charlotte	1,50
Engelmann, Frau Geh. Rath	5,—	Franzius, v. R., Wirkl. Geh.	
Entsch, Theod., Verleger	2,—	Legationsrath	5,—
Epenstein, Frau Clara	5,—	Franzius, v., Frl. Sophie	2,—
Epenstein, Frl. Margarethe	5,—	Franzius, v., Felix	1,50
Epstein, Dr., Referendar	1,50	Franzius, v., Heinrich	1,50
Erdmann, Otto, Prof.	1,50	Franz, Frl. Sophie	1,50
Erdmann, Frl. Katharina	1,50	Frenkel, H.	5,—
Erdmann, Paul, Kgl. Bayreuth	1,50	Frenz, H., Dr. jur.	3,—
Erdmann, Frau Emma	1,50	Freudenberg, Prof.	2,—
Erdmann, Frl. Dorothea	1,50	Freund, Frl. Martha	3,—
Erdmann, Frl. Sophie	1,50	Friederichs, Geh. Komm. R.	
Erdmann, Max, Kaiserlicher		(Remscheid)	10,—
Bankdirektor (Erfurt)	3,—	Friedheim, Geh. Ob. Reg. R.	3,—
Erhardt, v., Frau Antonie,		Friedlaender, Frau Prof.	20,—
Oberbürgermeisters-Wittwe		Friedlaender, Dr., Max	5,—
(München)	3,—	Friedlaender, Frau Alice	5,—

	ℳ ₰		ℳ ₰
Friedlaender, Dr., Geh. Archivrath	3 —	Grumbacher, Jr., Fabrik-Dir.	5 —
		Grumbacher, Frau Jeannette	5 —
Friedlaender, Kammerger. Ref.	3 —	Gruner, Frau Marie	3 —
		Güterbock, Dr., Bruno	5 —
Friedlaender, Frl. Elisabeth	1 50	Güterbock, Gustav	10 —
Friedmann, Dr., Amtsrichter	3 —	Gutmann, Johannes	1 50
Frisch, Frau Anna	3 —	Gwinner, Arthur, Bankdir.	5 —
Fromberg, Kommerzienrath	250	Gwinner, Frau Anna	5 —
Fromberg, Frau	250	Haenisch, Frl. Rosalie, Kammersängerin (Dresden)	3 —
Fuchs, Frau Dr. Jenny	3 —		
Gablenz, Frau v. der	3 —	Hagen, Frl. Anna	3 —
Gaertner, Frau Konsul	3 —	Hagemann, Oberkonsist.Rath	3 —
Gardiner, Frau Geh. Rath	3 —	Haläwa, Rektor	3 —
Geberl, Georg	1 50	Halir, Carl, Prof.	2 —
Gellert, Robert, Direktor	3 —	Halir, Frau Thekla	2 —
Genée, Rudolph, Prof. Dr.	3 —	Hammer, Dr., Otto, Amtsrichter	10 —
Genzmer, Dr.	3 —	Hansemann, Frl. Bertha	20 —
George, Frl. Margarethe	3 —	Hansemann, v., Frau Ottilie	10 —
George, Rudolph	1 50	Hansen, Frau Luise	8 —
Gerb, Frl. Bertha	3 —	Hardy, James	10 —
Gerlach, Oscar, Geh.Reg.Rath	3 —	Harms	3 —
Gerres, Reinhard	1 50	Harmjen, Frl.	1 50
Gerster, Frau Stella, Königl. Kammersängerin	6 —	Hartog, Jacques (Amsterdam)	2 —
		Haseloff, Adolf	3 —
Giersberg, Branddirektor	3 —	Hasselbach, Frau Geh. Rath	3 —
Glasenapp, v., Frau Käthe	3 —	Hedinger, Frau Elise	3 —
Glasenapp,v.,Geh.Ob.Fin.R.	2 —	Heidecke, Baumeister	3 —
Glasenapp, v., Frau Lilli	3 —	Heinrich, Frl. Constanze	2 —
Glasenapp, v., Reg. Rath	2 —	Hellmich, Frau	3 —
Goder, Frl. Anna	3 —	Hempel, Frl. Elise	3 —
Goldbaum, Frau Sanit. R.	3 —	Hempkenmacher, (Geb. Ober-Reg. Rath	3 —
Goldschmidt, Dr., J. H.	5 —		
Goldschmidt, Rudolf Th.	10 —	Henoch, Frau Johanna	10 —
Golz, Frl. Jeanne	1 50	Henoch, Frl. Gertrud	1 50
Gordon, Frl. Lily	2 —	Henoch, Frl. Elisabeth	1 50
Gottheiner, Frl. Marie	3 —	Henoch, Frl. Just.	1 50
Grabowski, Lehrer (Graudenz)	2 —	Henoch, Anton, Rentier	3 —
Griebel, Franz	3 —	Henschel, Ernst	1 50
Griesheim, v., Frl. Gabriele	1 50	Hepke, Oberst	3 —
Grimm, Herrm., Geh.R., Prof.	5 —	Herford, Frl. Clara	3 —
Grüneisen, Eduard	1 50	Hermes, Frl. Renata	3 —
Grunfeld, H., Solocellist	3 —	Herring, Frau Generallieut., Excellenz	3 —
Grunhof, v., Frau Baronin	10 —		

	ℳ|₰		ℳ|₰
Herrmann, Frl. Agathe	3|—	Jacob, Adolf	2|—
Herrmann, Frl. Margarethe	2|—	Jähns, Dr., Max, Oberst-		
Herrmann, Dr., Paul	10|—	leutnant a. D.	10|—
Hertel, Prof., Albert	5|—	Jähns, Frau Marie	10|—
Herz, Max	2|—	Jähns, Frl. Hilda	3|—
Heßberg, K. J. (München)	2|—	Jaques, Frl. Marie	2|—
Hessenthal, v., Ceremonien-			Jedliczka, Ernst, Prof.	5|—
meister	3|—	Jensen, Frl. Marie	3|—
Hessenthal, v., Frau	3|—	Jensen, Carl	5|—
Hessenthal, v., Frl.	3|—	Illo, Max	2|—
Hessenthal, Waldemar	3|—	Joachim, Joseph, Prof. Dr.	10|—
Heubner, Geh. Rath	6|—	Joachimsthal, G.		
Heyl, Frau Kommerzienrath	5|	Jochens, J., Kgl. Kanzleirath	3|—
Heyl, Frau Generaldirektor	5|	Jochens, Emil, Ingenieur	2|—
Dienzsch, Justizrath	3|	Jonas, Rechtsanwalt	2|—
Hirschberg, Ludwig	2|	Jonas, Frau	2|—
Hirschfeld, Frl. Jenny	3|	Jonas, Frl. Gertrud	3|—
Hochberg, Bolko, Graf v.,			Jonas, Frl. Adelheid	3|—
Generalintendant	20|	Jordan, Frl. Helene	3|
Höniger, Frau	2|	Jordan, v., Regier. Präsid. a. D.	3|
Hofmann, Rud., Berl. Buchh.	5|	Irmler, Rechtsanw.	3|
Hofmann, Frau Martha	5|	Irmler, Frau Paula	2|—
Hofmann, Paul	5|	Italiener, Frau	3|
Hofmann, Frau Maria (Char-			Kahl, Geh. Rath	3|
lottenhof bei Schwandorf)	5|	Kahl, Frau	3|—
Hofmann, v. Ludwig	3|	Kahlbaum, Frau Kommerz. R.	5|—
Hoffmann, Frau	5|	Kahle, Richard	3|
Hohenberg, Johannes	5|—	Kaiser, Dr., K.	1|50
Holst, v., Mathias, Baumstr.	5|	Kalkreuth, v., Gräfin Babette,		
Hompesch, R. J. (Köln)	1|50	geb. Meyer	10|—
Hompesch,Frl.Ernestine Köln	1|50	Kallmann, Dr., Gerichts-		
Horina, Frl. Louise	3|	assessor	2|
Horsfall, Frau A., geb. Men-			Karl, Direktor, Dr.	5|
delssohn	10|	Kastan, Dr., J.	3|
Horstmann, Prof. Dr., Karl	3|	Kauffmann, Frau Elisabeth	10|
Hubert, Frl. Margarethe	1|50	Kayser, Heinrich, Königlicher		
Huldschinsky, Oscar	10|—	Baurath	5|
Huldschinsky, Frau	10|—	Kayser, Frau Margarethe	5|
Humbert, Frl. Jenny	2|	Keyserling, v., General	3|—
Humbert, Frl. Magda	2|	Kekulé, Geh. Reg. Rath	3|—
Jablonski, Frau	1|50	Kessler, v., Graf H.	5|—
Jacob, M., Architekt	3|—	Keudell, v., Robert	10|—

Mozart-Gemeinde. 10. Heft. 22

	ℳ	₰		ℳ	₰
Reubell, v., Frl. Marie	3	—	Landold, Professor	5	—
Reußner, H., Geh. Justizrath	3	—	Lange, Prof. Dr., Gymnasialdir.	5	—
Riesel, Conrad, Prof.	5	—	Langelütge, C.	3	—
Riehling, Frau Geh. Rath	3	—	Langenbuch, Geh. Rath, Prof.	3	—
Riffert, J. (Leiden in Holland)	3	—	Laßle, Frh., Professor (Potsdam)	3	—
Kirschner, Frl. Marie	2	—
Klatten, Baurath	3	—	Lattre, v., General	3	—
Klatten, Frl. Elisabeth	2	—	Leander, Georg	3	—
Klein, Max	2	—	Leander, Frau Margarethe	3	—
Klingmüller, Dr. (Breslau)	3	—	Leander, Frl. Käthe	3	—
Knaus, Prof. Ludwig	5	—	Leander, Dr., A.	3	—
Knorr, Thomas (München)	6	—	Leber, John A.	5	—
Knorr, Frau Eugénie (München)	6	—	Lederer, Georg	3	—
			Leßmann, Gustav	3	—
Koblank, Frau Dir. Rosa	3	—	Lehfeld, Professor	1	50
Koenigs, Felix	5	—	Lehfeld, Frau	1	50
Koenigs, Frau Geh. Rath	3	—	Lehnert, Frl. Hildegard	2	—
Koenigs, Frl. Elise	10	—	Lehrs, Ernst	3	—
Körte, Major	3	—	Lengerich, Frl. Elise	2	—
Kohlschütter, Frl.	2	—	Lengerich, Frl. Marie	2	—
Kopfermann, Dr., A.	3	—	Lenz, Wirkl. Geh. Kriegsrath	2	—
Krause, Theodor, Prof.	3	—	Leo, Frau Betty, geb. Reinecke	20	—
Krebs, Dr., C.	3	—	Lepke, Rudolph	1	50
Krech, Frl. C.	3	—	Lepke, Frau Auguste	1	50
Kriese, Fr. Elisabeth	2	—	Lesse, Geh. Justizrath	3	—
Kröner, Dr. (Potsdam)	1	50	Lesse, Dr.	2	—
Kroll, Major a. D.	5	—	Lesse, Frau	2	—
Kroll, Frau Marie	6	—	Lesser, Frau Olga	10	—
Kroneder, Frl. Elisabeth	10	—	Lesser, Martin	1	50
Krüger, Prof., Reg. u. Baurath (Potsdam)	3	—	Lessing, Frau Dr. Alma	10	—
			Lessing, Prof., Otto	5	—
Kruse, Frau, Geh. Ober-Reg. Rath	5	—	Lessing, Dr., Geh. Reg. Rath	2	—
			Lessing, Albert, stud.	2	—
Kuhnast, Bürgerm. (Graudenz)	3	—	Lessing, Frl. Dora	2	—
Kuhß, Frl. Anna	3	—	Levy, Martin	10	—
Kummer, v., Frl.	3	—	Levy, Dr., Leopold	2	—
Ladner, Gartenbaudirektor	5	—	Levysohn, Frau Dr.	1	50
Ladner, Frau	5	—	Lewy, Heinrich	3	—
Lambrecht, Frau (Nürnberg)	5	—	Lewy, M.	3	—
Lammers, Frau Dr. (Köln)	5	—	Leyden, v., Frau Geh. R. Marie	10	—
Lampson, Hermann	5	—	Leven, v. d., Frau Baronin	3	—
Landau, Frau (Koslow)	3	—	l'hardy, Frl. Luise	3	—

	ℳ ₰		ℳ ₰
Liebermann, Karl	1 50	Recke, Geh. Justizrath (Leipzig)	5 —
Liebert, H.	2 —	Reckel, Generalmajor	5 —
Liepmannssohn, Leo	3 —	Redel, Frau	3 —
Lindner, Frau Sanit. Rath	3 —	Rehlhausen, Frl. Clara	3 —
Linnemann, R., Professor (Frankfurt a. M.)	10 —	Reißner, Geh. Justizrath	3 —
Lion, Landger. Rath	4 —	Relde, Prof., Geh. Rath (Marburg)	2 —
Litten, Frau Fanny	3 —	Mendelssohn, v., Robert	10 —
Lobach, Frl. Martha	3 —	Mendelssohn, v., Frau Giulietta	10 —
Lobach, Frau	2 —		
Lobedan, Frl. Amelie	2 —	Mendelssohn, v., Franz	10 —
Lochte, Gerichtsreferendar	3 —	Mendelssohn, v., Frau Maria	10 —
Löhlein, Dr., Ernst	3 —	Mendelssohn-Bartholdy, Frau von	10 —
Löhlein, Frau Dr. Johanna	5 —		
Löhlein, Regierungsassessor	5 —	Merker, Dr. Paul	2 —
Löschhorn, Professor	3 —	Merjenich, Frau Marie	2 —
Löwen, Franz	1 50	Mette, Frau Luise	3 —
Löwenberg, C.	3 —	Meyer, Albert	3 —
Loewenherz, Louis	10 —	Meyer, Ludwig	3 —
Loewenherz, Frau Hedwig	5 —	Meyer, Georg	1 50
Lomnitz, Frl. Meta	1 50	Meyer, Dr. Ludwig	3 —
Lorenz, Dr., Karl	3 —	Meyer, Frl. Martha (Guben)	1 50
Louis, Dr.	3 —	Meyerheim, Professor, Paul	3 —
Lucae, Frau Geh. Rath	3 —	Meyerheim, Frau Clara	3 —
Ludwig, Gerichtsassessor	1 50	Meyersohn, S.	1 50
Lüftner, C. (Wiesbaden)	1 50	Meyer von Bremen, Frau Professor	3 —
Luther, Major	1 50		
Luther, Frl.	1 50	Meyer von Bremen, Frl.	3 —
Mackowski, Ludwig	5 —	Michaelis, Frau Marie	3 —
Marcus, Dr., Georg, Landger. R.	2 —	Michels, Julius	3 —
Marczki, Frau Sanitätsrath	3 —	Michels, Frau	3 —
Markeed, Carl	5 —	Michels, Frl. Ella	3 —
Martens, W., Baumeister	3 —	Miehner, Geh. Reg. Rath	3 —
Martens, Dr., Regens a. D. (Klosterwald bei Ottobeuren)	3	Miehner, Frau	3 —
		Minssen, Frl. Maria	3 —
Matthes, Frau Clara	3 ·	Möbis, Frl. A.	5 —
Matthes, Richard (Cöpenick)	2 —	Moedlinger, Joseph, Kgl. Opernsänger	3 —
Matthias, Emil	1 50		
Matthies, Richard	3 —	Möhrle, Frau Oberstleutnant	3 —
Mathis, Frau Elise	1 50	Mobel, Julius	10 —
Mayer, Frl. Elly	2 —	Molenaer, Dr., R.	5 —
Mayr, Dr. Otto (Augsburg)	2	Morsch, Frl. Anna	3 —

22*

Name	ℳ ₰	Name	ℳ ₰
Mozart-Verein in Dresden	5 —	Passini, Prof., Ludwig	10 —
Mühsam, Dr., Benno	5 —	Paul, Alfred	3 —
Mühsam, Frau Martha	5 —	Paul, Frl. Antonie	3 —
Mühsam, Frau Ismar	6 —	Pauli, Gustav	3 —
Müller, Frl. Amalie	3 —	Ped, Frau Walter	3 —
Müller, Frau Hanna	2 —	Peters, C., Reg. Baumeister	5 —
Müller, Frau Henriette	2 —	Petersen, Frl. Franka	8 —
Müller, Bruno, stud.	1.50	Pfaff, Dr., Director	3 —
Müller, Frl. Martha	2 —	Pfaff, Frau Mathilde, geb.	
Müller, v., Generallieutnant	3 —	v. Schelhorn	5 —
Müller, Geh. Ober-Finanzrath	3 —	Pfarrius, Frau Prof.	1.50
Natanson, Stefan (Warschau)	3 —	Pfarrius, Geh. Reg. Rath	5 —
Nauenberg, Frau	6 —	Pfeffer, Frau Major	5 —
Naumann, Geh. Ober-Reg. R.	5 —	Pietsch, Frau Prof. Emma	3 —
Reese, v., Frl. Minna	2 —	Pitsch, Adolf, Fabrikbesitzer	10 —
Reese, v., Frl. Auguste	2 —	Plautier, Geh. Rath	10 —
Relson, Frau Marie	2 —	Plockhorst, Prof.	3 —
Resper, Joseph	3 —	Pogge, Ober-Reg. R. (Merse-	
Reudorff, Otto	3 —	burg)	2 —
Reufeld, A. L. (Posen)	3 —	Possart, Felix	2 —
Neuffer, Eugen	3 —	Prausnitz, Leo	1.50
Neuhaus, Baurath	3 —	Prausnitz, Frau Paula	1.50
Neuhaus, Frl.	2 —	Prieger, Dr., Erich (Bonn)	10 —
Riemann, Frau Cäcilie	5 —	Pringsheim, Heinr. München)	5 —
Rieper, Franz (Münster)	3 —	Pringsheim, Klaus	
Road, A.	2 —	(München)	5 —
Roeldechen, Frau (Geh. Rath)	2 —	Prüfer, Dr. (Leipzig)	1.50
Röll, Geh. Roth	3 —	Puttkammer, Emil (München)	3 —
Röll, Frl. Ida	3 —	Rabbow, Dr., Stadtrath	
Obencrauts (Kolmar in		(Stettin)	6 —
Schweden)	3 —	Rabede, Prof., Robert	2 —
Oesfeld, v., Frau Oberst	1.50	Rabide, Frau Elvira	3 —
Oesfeld, v., Oberst	1.50	Rabing, Gustav	6 —
Oesterle, Frau Dr. Auguste		Raffel, Wirkl. Geh. Ober-Re-	
(Bern)	2 —	gierungsrath	3 —
Ohlendorf, v., H.		Raphael, Frau Julie	5 —
(Hamburg)	6 —	Raphael, Georg, Organist	3 —
Olfers, v., Frl. Marie	3 —	Rakmund, Carl (Posen)	3 —
Ondarza, v., Lieutnant	3 —	Roth, vom, R.	10 —
Oppenheim, Frau Anna	10 —	Ravoth, Frl.	1.50
Pappenheim, Prof. Dr.	1.50	Ravoth, R.	2 —
Palzburg, Emil	5	Rawad, Frau Dr.	3 —

	ℳ ₰		ℳ ₰
lawack, Frl. Ida	3 —	Scheibler, Frl. Käthe (Wiesbaden)	5 —
lawack, Frl. Margarethe	3 —		
leiche, Herrmann	3 —	Scheinert, Frau R. (Wiesbaden)	3 —
lemy, Frl. Marie	2 —		
lemy, Frl. Anna	2 —	Schendler, Bankbeamter	3 —
lenberg, Frau Geh. Rath	6 —	Schendler, Frl. Helene	3 —
heinemann, Albert	3 —	Scherres, Karl, Prof.	3 —
Rieden, Dr., Direktor	10 —	Scherres-Friedenthal, Frau	3 —
Ries, Franz	6 —	Schiff, Frl. Elle	2 —
Riesenfeld, H.	1 50	Schindler, Heinrich	3 —
Rieß, Professor Dr.	5 —	Schindler, Dr.	3 —
Rinne, W., Landgerichts-Rath	5 —	Schirach, v., Oberst	3 —
Röscher, Frl. Lucie	1 50	Schlaeger, Frau Dr., geb. Casper	10 —
Robert, Frau Justizrath	3 —		
Rosenberg, Herm., Bankdir.	20 —	Schlemmer, v., Frau Wanda	3 —
Rosenberg, Frau Elle	5 —	Schlesinger, Prof. Klausenbg.	2 —
Rosenberg, Frl. Ilse	3 —	Schliack, Kanzleirath	3 —
Rosenberg, Hans	3 —	Schlottmann, Kgl. Musikdir.	2 —
Rosenberg, Reinhard	3 —	Schlottmann, Martin	2
Rosenberg, Frl. Käthe	3 —	Schweitzer, Geh. Baurath	5 —
Rosenhain, C. R., Ingenieur	1 50	Schmidt, G. Walh. (Bremen)	6 —
Rothstein, Dr.	3 —	Schmidtlein, Dr., Sanit. Rath	3 —
Rottmanner, Alfred (München)	3 —	Schmidtmann, Frau Geh. R.	3
Roy, Frl. Gabrielle	3 —	Schmieden, Königl. Baurath	3 —
Rütgers, Julius	10 —	Schmieden, Frau	2 —
Rumohr, v., Arzt	3 —	Schmieden, Max, Bankführer	2 —
Rumschöttel, Baurath	3	Schmiterlow, v., Oberlieut.	2 —
Runge, Th. O.	3 —	Schneevogt, Frau Emma	2 —
Saal, Reg. und Baurath	3 —	Schneider, Frau Johanna	3
Sachs, Frl. Ida	3 —	Schönhals, Frau Elle (Naumburg)	2
Sachs, Frl. Elle	2 —		
Sachs, Regierungsassessor	3	Schoenleben, Dr., Oberstabsarzt a. T.	2
Salomon, Rich. (Rüdersdorf)	10 —		
Salomon, Dr. Georg	3 —	Schrader, R., Reichstagsabg.	20 —
Salomon, Frau Anna	3 —	Schrader, Oberleut.	3
Salomon, Frl. Anna	3 —	Schrage, Frau Anna	3 —
Salomon, Richard	1 50	Schrender, Julius (Rotterdam)	2 —
Sarre, Dr. F.	3 —	Schuler, General	3
Saworra, Frl. Bertha	3 —	Schuler, Frau	3
Schaper, Fritz, Prof., Bildhauer	5 —	Schuler, Frl. Hedwig	2 —
		Schulte, Geh. Rath	3 —
Schaum, Frau Professor	5 —	Schulhoff, verw. Frau Prof.	10

	ℳ ₰		ℳ ₰
Schulte, Max	3 —	Smolin, Frau Paula (Wien)	3 —
Schultze, Frau Elisabeth	3 —	Solmitz, Selmar	10 —
Schultze-Wöhler, Frl.	3 —	Solmitz, Frau	5 —
Schulzen v. Asten, Frau Prof.		Sommer, Societäts-Direktor (Kunfurt)	4 —
Schulzen-Asten, Frl. Inkly	3 —	Speiser, Andreas (Basel)	2 —
Schult, Dr. H.	1 50	Spener, Dr. med.	2 —
Schwabe, Adolf	10 —	Spener, Frau Cornelia	2 —
Schwarz, Arthur, Direktor	3 —	Spielhagen, Friedrich	3 —
Schwarz, Frau Elisabeth	3 —	Stadtbibliothek in Wien	2 —
Schwarz, Frl. Clara	3 —	Stahr, Aug. (Posen)	3 —
Schwechten, Franz, Baurath	10 —	Stamm, Dr., Oberlehrer (Zierlohn)	3 —
Schweder, v., Frau	1 50		
Schmelzer, Frau Dr.	3 —	Staub, Dr. med. (Posen)	3 —
Schweitzer, Eugen	5 —	Steinbock, R., Maler	1 50
Schweitzer, Frau Algunde	5 —	Steiniger, Frl.	3 —
Schwer, Frl. Elise	5 —	Steinthal, Dr., Paul	1 50
Schweickhe, Dr., Eugen (Heidelberg)	2 —	Stenzel, Oberstleutnant a. D.	3 —
Seehagen, Frau Wilhelmine	5 —	Stille, Georg	3 —
Segall, Frl. Marie	1 50	Stolte, Frau Oberstleutnant	3 —
Seidel, Dr. Paul, Direktor	1 50	Stolzenberg, Prof., Benno	5 —
Seidelmann, Frau Auguste	2 —	Stolzenberg, Frau Laura	3 —
Selle, Frau Sophie	2 —	Stubenrauch, v., Landrath	5 —
Senfft v. Pilsach, Frau Baronin	5 —	Stubenrauch, Frau Geh. Rath	5 —
		Sturmhöfel, A., Baurath	3 —
Sieber, Frau Professor	1 50	Subel, v., Reg. Rath	3 —
Sirchen, Frau	10 —	Tausig, Frau Seraphine	3 —
Siemering, Prof., Rudolph	5 —	Theinert, H., Geh. Rechnungsrath a. D.	3 —
Siemering, Frau Martha	2 —		
Siemering, Frl. Hertha	2 —	Thiele, Louis	3 —
Siemon, Frau Fely	10 —	Thomas, Fritz	2 —
Siemsen, Titus	1 50	Tichy, stud. med.	3 —
Simon, J., stud.	2 —	Tielich, Geh. Ober-Finanzrath	
Simon, Gustav, Konsul (Königsberg i. Pr.)	6 —	Tischendorf, v., Dr., Geh. Rath	5 —
		Toebe, H., Baurath (Breslau)	3 —
Simon, J.	2 —	Toeche-Mittler, Dr., Th.	5 —
Simson, v., Justizrath	5 —	Toeche-Mittler, Siegfried	2 —
Simson, v., Frau	5 —	Toeche, Frl. Emma	3 —
Simson, v., Frl. Annie	3 —	Toeche, Frl. Paula	2 —
Simson, v., Ernst, Referendar	3 —	Toeche, Paul (Kiel)	2 —
		Toeche, Paul, Sohn (Kiel)	1 50
Staref, Frl. Elisabeth	3 —	Toeche, Ernst	5 —

	ℳ ₰		ℳ ₰
Toeche, Frau Helene	2 —	Berminghoff, J.	5 —
Trend, v. der, Major a. D.	3 —	Werner, v., Frau, geb. L'harde	1 50
Treutmann, Dr., Max	2 —	Werner, v., Hans Anton	3 —
Treutmann, Frau	2 —	Werner, Frl. Clara	5 —
Troost, Frl. Alice (Köln)	10 —	Wessely, Frl.	3 —
Troost, Edmund, Oberleutnant (Köln)	5 —	Westphal, Frau Clara, geb. Mendelssohn	10 —
Tschiersky, Frl. C.	3 —	White, Excellenz, Amerikanischer Botschafter	5 —
Luczel, Frl. Felicia	3 —	White, Mrs.	5 —
Ullmann, Ernst	3 —	Wiedermann, Friedrich	2 —
Valentin, Felix	1 50	Wienlowski, Joseph (Brüssel)	10 —
Vedenstedt, Walther (Naumburg)	2 —	Will, Frl. Margarethe	1 50
Versen, Frau v., Excellenz	3 —	Wimmel, Wirkl.Geh.Kriegsrath	2 —
Versen, v., Leutnant	3 —	Wimmel, Frau	2 —
Vettin, Frau Regierungsrath	3	Windelmann, A.	5 —
Vogel, Frau Direktor	2	Winterfeldt, Justizrath	10 —
Vollmar, Frl. Antonie	3 —	Witte, Dr., Rudolf, San. R.	3 —
Vollmar, Frau Rechtsanwalt	2	Witte, Albrecht	3 —
Vollard, Frl. Mathilde	2 —	Witte, Frau	3 —
Vollard, Frl. Marianne	2 —	Wittgenstein, v., M.	10 —
Wadermann, Frau Oberst	5 —	Wittig, Geh. Regierungsrath	2 —
Wadermann, Frl.	5 —	Wittig, Frau	2 —
Warschauer, Frau Käthi	10	Wolf, Ferdin., Geh.Registrator	1 50
Weber, Frau Marion v. (Dresden)	10	Wolf, William	3
Weber, Frl. Nora v. (Dresden)	2 —	Wolf, H., Dr. jur., Oberlandesgerichtsrath (Braunschweig)	10 —
Weber, C.	2 —	Wolff, Dr. Johannes	2 —
Webb, Ph. G. L. (London)	3 —	Wolff, Dr. Julius	5 —
Wedding, Geh. Bergrath	1 50	Wolff, Frau Marie	5 —
Weech, v., Frl. (Dresden)	3 —	Wolff, Frau verw. Stadtrath	5 —
Wehrmann, Frl. Agnes	3 —	Wolff, Viktor, Dr. jur.	5
Weigel, v., Frl. H.	2 —	Wolff, Amtsrichter	1 50
Weigel, v., Frl. C.	3 —	Wolff, Frau Anna	5 —
Weinberg, Frl.	2 —	Wolff, Frl. Martha	2 —
Weißbach, Werner	3 —	Wolff, Frau Toni	5 —
Wendelstadt, Geh. Reg. Rath	10 —	Wolfram, Kammerger. Rath	3 —
Wendelstadt, Frau	10 —	Wollner, H.	3
Wendt, Frl. Mathilde	3 —	Wosliblo, W., Polizeileut.	1 50
Wenzel, Frau verw. Baurath	20	Woworsko, Anton	5 —
Wenzel, Frl. Emma	3 —	Woworsko, Frau Hedwig	10 —
Wenzel, Frl. Marie	3	Wople, Rentier	3

	ℳ ₰		ℳ ₰
Wulff, A.	3 —	Zenetti, Dr., Abt von St.	
Wurm, Frl. Mary	5 —	Bonifaz (München)	3 —
York, v., verw. Gräfin	3 —	Ziebarth, Reg. Rath	3 —
Zadel, J.	5 —	Ziller, Herrm., Baumeister	3 —
Zastrow, v., W., Gen.Leut. a.D.	3 —	Zimmermann, Karl	5 —
Zeibig, Frl. Elisabeth	1 50	Zoozmann, Rich., Musikschrift-	
Zelle, Prof. Dr., Direktor	1 50	steller	2 —
Zelle, Oberbürgermeister a. D.	5 —		

Danziger Mitglieder der Berliner Mozart-Gemeinde.

	ℳ ₰		ℳ ₰
Barthel, Frau Selma	3 —	Laasner, Bankdirektor	3 —
Baum, Frl. Bety	2 —	Münster, Oberingenieur	4 —
Berendt, Referendar	1 50	Neumann, Kaufmann	3 —
Berenz, Frau Henriette	3 —	Neumann, Frl.	3 —
Bertling, Anton, Buchhändler	1 50	Peiser, Gerichtsrath	2 —
Brölede, Rel.	1 50	Petschow, Dr., Fabrikant	4 —
Damme, Dr., Kaufmann	3 —	Rehs, Frl.	1 50
Dasse, Dr., R.*)	3 —	Rodenacker, Julie, verw. Frau	
Dasse, Frl. Else	1 50	Konsul	10 —
Dasse, Frl. Gertrud	1 50	Salomon, Frl. Else	1 50
Davidsohn, H., Künstler	2 —	Schlichting, v., Frl. Louise	3 —
Dolte, Dr., Assessor	2 —	Schopf, Dr., Kaufmann	2 —
Döring, Frl. Else	1 50	Schopf, Frl. Martha	2 —
Fleischer, H., Zahnarzt	1 50	Seista, Dr., Arzt	1 50
Goldhaber, Dr. phil.	1 50	Semon, Dr., Nar. Arzt	2 —
Goldhaber, Kaufmann	1 50	Sieg, Frau Antonie	2 —
Grenzenberg, Frau Anna	3 —	Simjon, Philipp, Kaufmann	1 —
Günther, Dr., Archivar	2 —	Zudan, Rechtsanwalt	3 —
Hinz, Frl. Clara	1 50	Unruh, Frl. Anna	1 50
Hoppenrath, Frl. Käthe	1 50	Wallenberg, Sanitätsrath	3 —
Kadisch, R.	5 —	Wallenberg, Dr., Th.	
Kasemann, verw. Frau Marie	4 —	Wallenberg, Frau Dr.,	
Klawitter, Frau Marie	3 —	Martha	2 —
Kuhl, Frl. Margarethe	1 50	Wallenberg, Dr., Ad.	1 50

*) Vorsteher der Ortsgruppe Danzig.

MUS

Neuer Verlag von Ries & Erler in Berlin.

G. F. Händel.
Drei Stücke. Für Streichorchester und Orgel
bearbeitet von
Alois Schmitt.
Partitur 3 Mark, Stimmen 4 Mark.

W. A. Mozart, Phantasie (f moll).
Für Streichorchester und Orgel
bearbeitet von
Alois Schmitt.
Partitur und Stimmen à 4 Mark.

Im Verlage von Carl Paez (D. Charton), Berlin, Französische-
straße 33E ist erschienen und durch alle Musikalienhandlungen zu beziehen:
Das neu aufgefundene
Duett zu Mozarts „Zauberflöte".
Klavierauszug von Dr. Alb. Kopfermann.
Zweite Auflage.
Preis 75 Pf.

Der Tod eines Unsterblichen.
Zum Todestage Mozarts, den 5. Dezember.
Von
Rudolph Genée.
Zweite Auflage.
Preis 75 Pf.
Zu beziehen von der Kgl. Hofbuchhandlung E. S. Mittler & Sohn;
für die Mitglieder von Raabe & Plothow, Potsdamerstr. 21.

Im Verlage von A. Deneke, Berlin W., Potsdamerstraße 21 ist
erschienen:
Eichendorff-Album.
Zwanzig Lieder
für eine Singstimme mit Klavierbegleitung nach den Texten des Verewigten.
Componirt von
Wilhelm Martens.
Preis 4 Mark.

Der vierte Psalm

„Erhöre, wenn ich flehe"

nach der Übersetzung Moses Mendelssohn

von

Maximilian Stadler.

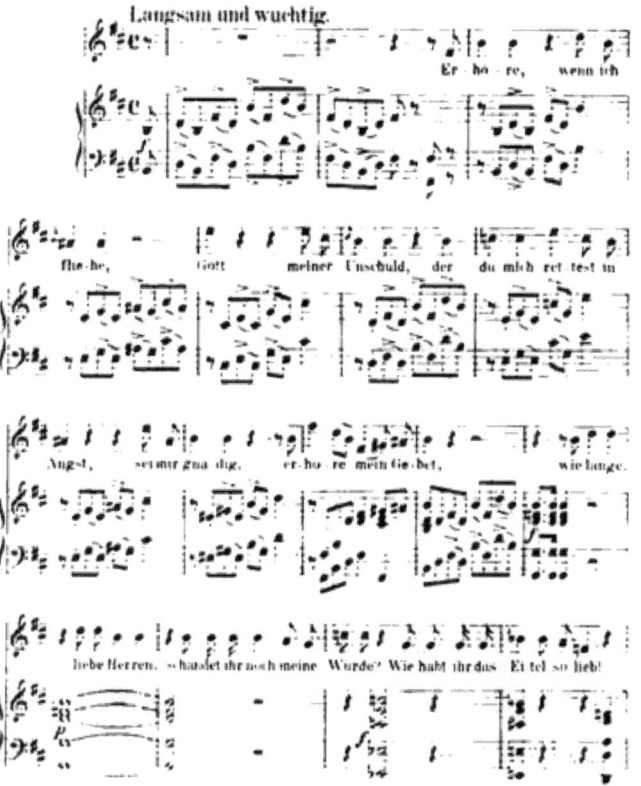